# 吴三桂降清

◎ 主编 金开诚

◎ 编著 胡克诚
张利

吉林出版集团有限责任公司

吉林文史出版社

**图书在版编目（CIP）数据**

吴三桂降清 / 胡克诚，张利编著 . 一长春：吉林
出版集团有限责任公司：吉林文史出版社，2010.11（2022.1重印）
ISBN 978-7-5463-4130-9

Ⅰ.①吴… Ⅱ.①胡…②张… Ⅲ.①吴三桂（
1612～1678）－生平事迹 Ⅳ.①K827=49

中国版本图书馆 CIP 数据核字（2010）第 222285 号

# 吴三桂降清

**WUSANGUI XIANGQING**

主编／金开诚 编著／胡克诚 张 利
项目负责／崔博华 责任编辑／崔博华 钟 杉
责任校对／钟 杉 装帧设计／柳甬泽 王 惠
出版发行／吉林文史出版社 吉林出版集团有限责任公司
地址／长春市人民大街4646号 邮编／130021
电话／0431-86037503 传真／0431-86037589
印刷／三河市金兆印刷装订有限公司
版次／2010 年 11 月第 1 版 2022 年 1 月第 5 次印刷
开本／ 650mm×960mm 1/16
印张／9 字数／30千
书号／ ISBN 978-7-5463-4130-9
定价／ 34.80元

# 前　言

文化是一种社会现象，是人类物质文明和精神文明有机融合的产物；同时又是一种历史现象，是社会的历史沉积。当今世界，随着经济全球化进程的加快，人们也越来越重视本民族的文化。我们只有加强对本民族文化的继承和创新，才能更好地弘扬民族精神，增强民族凝聚力。历史经验告诉我们，任何一个民族要想屹立于世界民族之林，必须具有自尊、自信、自强的民族意识。文化是维系一个民族生存和发展的强大动力。一个民族的存在依赖文化，文化的解体就是一个民族的消亡。

随着我国综合国力的日益强大，广大民众对重塑民族自尊心和自豪感的愿望日益迫切。作为民族大家庭中的一员，将源远流长、博大精深的中国文化继承并传播给广大群众，特别是青年一代，是我们出版人义不容辞的责任。

本套丛书是由吉林文史出版社和吉林出版集团有限责任公司组织国内知名专家学者编写的一套旨在传播中华五千年优秀传统文化，提高全民文化修养的大型知识读本。该书在深入挖掘和整理中华优秀传统文化成果的同时，结合社会发展，注入了时代精神。书中优美生动的文字、简明通俗的语言、图文并茂的形式，把中国文化中的物态文化、制度文化、行为文化、精神文化等知识要点全面展示给读者。点点滴滴的文化知识仿佛颗颗繁星，组成了灿烂辉煌的中国文化的天穹。

希望本书能为弘扬中华五千年优秀传统文化、增强各民族团结、构建社会主义和谐社会尽一份绵薄之力，也坚信我们的中华民族一定能够早日实现伟大复兴！

# 目录

一、孝闻天下，青年拜将

大明万历四十年（1612 年），距山海关约一百二十里处的中后所城（今辽宁绥中县城）内，一个男婴呱呱坠地。婴儿的父亲叫吴襄，先祖本居江南高邮州（今江苏高邮），大约在吴襄父辈时举家迁到辽东锦州一带生活。此时的吴家尚未发迹，在经历了一段饲养、贩卖骡马的营生后，吴襄弃商从军，投入辽东名将李成梁麾下，成为广宁前屯卫中后千户所的一名低级军官。依据家谱，吴襄给这个新生儿取名三桂，字长白，又一字月先。尽管在此之前，吴襄已育有一子，取名三凤，但再为人父的吴襄仍难掩心中喜悦，怀抱幼子于祖先灵前，祈祷上天保佑孩子健康成长。他无法预料的是，三十二年后，这个孩子竟成为了左右历史的关键人物。

像大多数父母一样，吴襄希望儿子多读书，将来考取功名，光宗耀祖，故

而四处延聘名师来教导吴三桂。但童年时期的吴三桂活泼好动，加之生长在军中，受环境影响，他对读书并不感兴趣，倒是乐于习武打猎，逐渐练就了一身刀马骑射的本领。吴襄看出儿子并非读书的材料，也就顺其自然，乐得子承父业。

此时吴家时来运转，吴襄在天启二年（1622年）考取武举，随后又得到锦州总兵祖大寿的赏识，将妹妹许配给吴

襄。这种联姻在军官家庭之间比较平常，但对吴氏父子来说，则是通往权力高峰的关键一步。

祖大寿，字复宇，明末辽东宁远（今辽宁兴城）人，曾先后追随王化贞、孙承宗、袁崇焕等人镇守辽东，在宁远保卫战、宁锦大捷、北京保卫战中都立下了汗马功劳，官至左都督、少保兼太子太保、总兵官，是明末辽东地区最具威望的武将之一。祖大寿所在祖氏家族几世从军，同辈兄弟祖大乐、祖大名、祖大成、祖

大弼、祖大春等，子侄辈祖泽润、祖泽洪、祖泽远、祖泽淳、祖泽源、祖泽沛等，孙辈祖良璧等，甚至养子祖可法，家仆祖宽等，皆为明末著名统兵将领，有"祖家军"之称，是明末关外除李成梁家族外最有权势的家族军事集团。有了这样一位功高权重的大舅子作靠山，吴氏父子自然前程无忧。

此后，吴襄在祖大寿手下任参将，吴三桂的哥哥吴三凤也是祖大寿麾下部

将，驻守大凌河。而吴三桂则在父亲和舅父的悉心调教下逐渐成长。由于天资聪慧，加之不凡的亲属背景，吴三桂在少年时即开始崭露头角。

16 岁那年（1627 年），吴三桂赴北京应试武科，一举摘得武举第一名，取得了武官资格，返回辽东后便前往舅舅祖大寿麾下任中军官，正式开始了他的军事生涯。

此时正值明金战争的关键时刻。崇祯二年（1629 年）十月，后金大汗皇太极亲率五万八旗劲旅，绕道内蒙古突入长城，包围京师。明朝的崇祯皇帝又误中后金"反间计"，将赴京"勤王"的蓟辽督师袁崇焕以"通敌谋反罪"凌迟处死。袁崇焕部将祖大寿及吴襄父子等勤王辽兵在得到朝廷宣谕慰劳后，继续参与保卫京师的战斗，直到后金撤军。次年二月，祖大寿率部返回辽东，驻守于建昌城内（辽宁凌源）。在这里，吴三桂面临了人生中第一次生死抉择。

一天，吴襄率几百人出城侦察，突遇后金主力数万人，很快陷入敌阵，无法突围。留在城中的吴三桂见此情景，心急如焚，跪在祖大寿面前痛哭流涕，恳请舅父发兵为吴襄解围。但此时建昌城内不过驻扎几千明军，祖大寿以双方兵力相差悬殊为由，拒不出战。并声称："我奉命在此镇守，不能轻举妄动，万一

出战失利，责任重大，难辞其咎！"眼看父亲性命难保，吴三桂起身擦干眼泪，毅然率家丁二十余人飞马奔向城外，杀入了数万后金兵的包围圈中。此时的吴三桂已将生死置之度外，凭着一股血气，带领这二十余名家丁横冲直撞，如入无人之境，迅速杀到父亲身边。他催马疾呼："随我来！"便带领吴襄残部向外突围。在城楼遥望的祖大寿见此情景，下令明军擂鼓助威，一时声势大振。而后金方面本想引明军主力出城交战，故对吴襄所部围而不打，此刻突然遭遇吴三桂这种以卵击石的反常举动，一时慌了手脚，怀疑明军有诈，便听任吴氏父子突出了重围。

吴氏父子返回建昌城下，祖大寿亲自出迎。刚刚经历生死存亡考验的少年吴三桂扑倒在舅父面前，失声痛哭。而又惊又喜的祖大寿抚摸着外甥的肩背，朗声笑道："好孩子！有此勇武还怕享受不到荣华富贵吗？我马上提请朝廷给你加官晋爵。"

这场突如其来的意外事件虽险些导

致吴氏父子命丧黄泉，但同时也给年轻的吴三桂带来了受用不尽的声誉资本。在古代中国，"忠孝"是品评人物的重要标准，一般认为孝顺父母的子女，对君主必然也忠心耿耿。因此一时间，王朝上下广泛流传着这个十七八岁少年舍身救父的孝勇壮举。有了这样的口碑，加之祖大寿的推荐，吴三桂很快由中军官升任游击将官。更重要的是，吴三桂因此事在军中知名，受到辽东重臣的器重。他先后拜关宁监军、御马监太监高起潜为"义父"，拜辽东巡抚方一澡和蓟辽总督洪承畴为师，有了这些重量级人物照应，吴三桂的仕途更为顺畅。

崇祯五年（1632年）六月，年仅21岁的吴三桂随父亲吴襄、义父高起潜统兵至山东登州、莱州等处参加了平定孔有德、耿仲明叛乱的战斗。在随后的半年时间里，吴三桂作为先锋官每战必身先士卒，屡立战功，很快将叛军击败，

收复登、莱。孔、耿等人走投无路，渡
海降清。此战过后论功行赏，吴襄以总
兵官授都督同知，荫一子锦衣百户世职。
而吴三桂也一战成名，很快被提升为前
锋右营副将，守卫宁远。到崇祯十二年
（1639），在义父高起潜、恩师洪承畴、
方一藻的共同推举下，吴三桂被超擢为
宁远团练总兵。那一年他刚满28岁。

　　青年拜将的吴三桂此时真是春风得
意，容光焕发。他本有江南血统，皮肤
白皙，面容清秀，只是鼻梁上有一道浅
浅的疤痕若隐若现。那是在建昌城外落

下的旧伤。当时一心救父的吴三桂正四处冲杀，后金军中一名红衣骑士突然催马挥刀向其杀来，三桂搭弓射箭，对方应声坠马。就在吴三桂下马欲取其首级之时，那名骑士突然跃起，反身挥刀向三桂面门劈来，猝不及防的三桂当即鼻梁中刀，鲜血崩流。吴三桂强忍疼痛，挥刀结果了对方性命，顺势扯下旗角简单包扎伤口，上马继续突围……于是，在他高挑的鼻梁上便留下了这道浅浅的刀疤。据说伤口愈合之后，吴三桂还是会经常下意识地用手轻轻抚摸自己的鼻梁，而熟悉他的人就可以根据这个动作判断出吴三桂是否动了杀机。

被提升为总兵官以后，吴三桂更加尽心于报效朝廷。在接下来的两年里，他每日严格训练兵士，使所部三万多人成为辽西一支最有战斗力的劲旅。而在此期间，吴三桂也不时统军出战，骚扰清军驻地，以作战勇猛受到朝廷嘉奖。

兵部称赞他"每逢大敌，身先士卒"，在辽东诸将中堪称勇将。连清太宗皇太极都对这个明军小将赞不绝口，称其为"好汉子"，感慨这样的军事人才不能为己所用。年轻气盛的吴三桂急切期待着在战场上再建功勋。令他始料不及的是，一场边关大战迫在眉睫，将给他带来生命中第一个污点，但同时又把他推向了新的权力高峰。

# 二、松山溃逃，免罪升职

　　自万历四十四年（1616 年）起，原本臣服于明朝的建州女真酋长爱新觉罗·努尔哈赤建立（后）金国，随即以"七大恨"为由起兵反明。此后二十多年间，明金双方你攻我守，连年交战。特别是萨尔浒大战后，随着明军的节节败退，后金先后攻占了抚顺、开原、铁岭、沈阳、辽阳、广宁、锦州等明朝关外重镇，杨镐、杜松、刘铤、李如柏、熊廷弼、王化贞

等明军将帅先后败亡。直到天启皇帝的老师、兵部尚书兼内阁大学士孙承宗亲自督师蓟辽，才暂时稳住局势。他一方面加固山海关防御，另一方面提拔袁崇焕、满桂、祖大寿等有才能的官将，使之修筑、坚守宁远城，终于在公元 1626 年的宁远之战中，依靠坚城巨炮击败了努尔哈赤的进攻，并直接导致这位"天命"大汗伤愤而终。随后，袁崇焕等人趁势收复锦州、松山、大凌河等辽西重镇，加筑各处城堡，逐步建立起固若金汤的"关宁防线"（即山海关—宁远）。

后金方面自努尔哈赤败亡后，由其子皇太极继承汗位。

皇太极是努尔哈赤第八子，生于明万历二十年（1592 年）十月二十五日，其母是努尔哈赤最为宠爱的叶赫那拉氏。子以母贵，皇太极从小就深得努尔哈赤喜爱，被委以重任，与代善、阿敏、莽古尔泰并称"四大贝勒"，协助努尔哈赤

主持军国政务。天启六年在众人推举下，皇太极继承汗位，定年号为"天聪"。

即位之初，皇太极面临着内忧外患的严重局势。外部，后金政权实际上处在明朝、蒙古诸部和朝鲜王国等三方势力的包围下。虽然自努尔哈赤起兵后对外作战胜多败少，但由于后金自身生产能力低下，维持战争主要依靠对外掠抢，自从宁远战败后，进攻受挫，后金军补给出现困难，处境十分危险。而在内部，

由于努尔哈赤在位时建立的一套军事民主制的管理方式，军国政务由各贝勒、旗主会议决定，努尔哈赤在世时可以凭借其德高望重的君主兼家长的地位，力排众议，彰显个人权威。但努尔哈赤死后，继承汗位的皇太极实际上是由众人推选出来的领袖，军国重务实际上仍由

"四大贝勒""四小贝勒"及众旗主会议决定。而"四大贝勒"甚至共同"南面而坐"，俨然"多头政治"。这样权力分散，事事掣肘，导致皇太极徒有"一汗虚名"。

为了改变这一不利局面，皇太极首先采取各种手段，打击、削弱分权势力，确立唯我独尊的君主集权。天聪四年，皇太极以弃守滦州、永平、迁安、遵化等关外四城的罪名，将四大贝勒之一的阿敏处以终身幽禁的惩罚。次年，他又

借另一贝勒莽古尔泰同皇太极议事不和发生口角时"御前露刃"，革去其贝勒之衔,幽禁致死。而大贝勒代善虽德高望重，但在努尔哈赤生前因得罪父汗而失去继承汗位的资格，转而拥戴弟弟皇太极即位，为人处世也顾全大局，甘处皇太极之下。因此，到天聪六年，皇太极终于废除了与三大贝勒俱南面坐、共理政务的旧制，改成自己面南独坐，取得了大汗的独尊地位。

另外，为加强中央集权，皇太极仿照明制，创立了六部、文馆——内三院、都察院等政权机构，并一改乃父努尔哈赤隔离、屠杀汉人的野蛮民族政策，转而大量吸纳、招抚汉族降人、降将为官，委以重任，极大地提高了后金政权的管理素质和综合国力。以山东等地叛逃的前明将领孔有德、耿仲明、尚可喜三人渡海投奔后金为例，他们不光带来了数万精兵，还携有明朝最先进的红衣大炮等火器，为后金军更有效地攻城掠地创造条件。而三人除获得皇太极的热情接待外，还很快被封为"王"，史称"辽东三顺王"，他们在后来清朝入主中原的过程中都立下了汗马功劳。

解决了内部问题后，皇太极仍将注意力集中到对外用兵上。继第一次宁远之战的失败后，皇太极亲自统帅后金大军再一次将兵锋指向宁远。但同上一战一样，八旗劲旅在坚墙利炮的宁远城面前仍然占不到丝毫便宜，被迫偃旗息鼓。此后，明、金双方在辽西大、小凌河一

线陷入拉锯战中。期间，皇太极虽曾数次取道内蒙古，从北部长城诸隘口破墙而入，包围京师，劫掠山东，给明朝带来了巨大创伤，但始终也无法从正面突破关宁防线，这也迫使后金始终不敢长驱直入。

面对辽西战线长期相持不下的局面，皇太极及时调整战略，对明朝提出"议和"稳住对方，同时伺机出兵征服了东面的朝鲜和西面的漠南蒙古察哈尔部，并进

一步统一了黑龙江流域女真诸部，为全力与明朝争夺天下扫清了后顾之忧。

明崇祯九年（1636 年）即后金天聪十年四月十一日，皇太极举行隆重的登基大典，宣布即皇帝位，同时改国号"金"为"清"，改年号"天聪"为"崇德"，并将女真族名改称"满洲"。正式摆出了与明朝争夺天下的架势。

作为进军中原的第一步，皇太极必须突破关宁防线的阻隔，而此战的关键则是必须先拿下宁远屏蔽——辽西重镇锦州城。于是，在崇祯十四年 (1641 年) 明清之间又一场重大战役在辽西大地上爆发，这就是松锦之战。

　　此时驻守锦州的正是吴三桂的舅父祖大寿。早在崇祯四年（1631年），祖大寿曾受命修葺大凌河城（今辽宁锦西县），不幸被皇太极的后金主力团团围困。朝廷调遣吴襄父子驰援的部队也被后金军击溃于途中。失去外援的大凌河守军很快断粮，在坚守数月突围无望的情况

下，祖大寿被迫献城投降。皇太极得知死敌出降后非常高兴，大肆封赏了祖氏兄弟。而祖大寿则自告奋勇地为后金前往锦州劝降守军，结果当他进入锦州城后便不再与后金联络。恼羞成怒的皇太极并未失去理智，他一方面继续善待已投降的祖氏族人，另一方面则集中兵力，不断蚕食锦州周边地区。而明朝方面也

许是顾虑到祖氏家族在辽东根深蒂固的
关系，并未追究祖大寿失城的责任，仍
令其以总兵之职镇守锦州。到崇祯十四
年（1641）三月，皇太极屯兵义州，终于
完成了对锦州城的合围，这座辽西重镇
危在旦夕。

　　对于清军围困锦州的军事行动，明
朝方面不敢懈怠，为避免重蹈大凌河失
陷的覆辙，崇祯帝急令新任蓟辽总督洪
承畴"设计解围"。

　　洪承畴（1593—1665 年），字彦演，
号亨九，福建泉州府南安县人。自幼熟
读经史，尤其喜读兵书，少负经世之才，
24 岁便高中进士，此后供职
江西、浙江、陕西等地。
他在明末清

初历史舞台上真正崛起，是得之于其在西北围剿农民起义的成功经历。

明朝末年吏治腐败，灾害连年，社会矛盾尖锐。崇祯元年(1628年)七月，王嘉胤、杨六、不沾泥等在陕西首举义旗，全陕响应。从崇祯元年(1628年)至崇祯三年间，高迎祥、张献忠、李自成等先后起义，陕境共有义军一百余部。一部份官军边兵，因缺饷哗变，亦加入义军，并成为骨干。崇祯二年(1629年)，农民军王左挂、苗美率兵进攻韩城。当时还

是参政的洪承畴临危受命，领兵出战。
当即率军斩杀敌兵数百，解了韩城之围，
一时名声大噪。次年六月，洪承畴被任
为延绥巡抚。成为一方大员的洪承畴一
改上司三边总督杨鹤的"招抚政策"，全
力清剿农民军，甚至不惜"杀降"。几年
间，在陕西各地剿杀农民军数万人。崇
祯六年（1633年），杨鹤因剿匪不力被罢
官入狱，由洪承畴继任为三边总督。随
后，他由陕西到山西、河南等地，一路

追击农民军各部，连战连捷。1634 年 12月，洪承畴以功加太子太保、兵部尚书衔，总督河南、山西、陕西、湖广、四川五省军务，成为明廷镇压农民起义的主要军事统帅。崇祯九年（1636 年）七月，洪承畴率军在临潼大败农民起义军，将明末农民起义军中最强悍的"闯王"高迎祥部围困在丛山之中长达三个月。后高迎祥率部从陕西汉中突围，遭陕西巡抚孙传庭埋伏，在盩厔（今陕西周至）被洪承畴俘虏，并将其解京磔死。高迎祥余部走归"闯将"李自成，起义军推戴李自成为"闯王"。1639 年农历十月，洪承畴又在潼关等处设伏，大败李自成主力，使其仅余十八骑逃入陕南商洛山中，山穷水尽的李自成面对严峻的形势，几次试图自尽。而在此之前，张献忠也被迫在谷城接收明廷招抚，自此，农民起义暂入低潮。洪承畴治军有方，镇压农民起义连连胜利，俘杀高迎祥，又多次

打败李自成，统治阶级内部颂声大起，称洪承畴的军队为"洪军"，成为明朝末年最具战斗力的部队之一。

当西北来自农民军的压力渐轻，而东北锦州告急之时，崇祯帝被迫抽调洪承畴前来救急。崇祯十三年五月上旬，洪承畴奉命接任辽东经略，随即统兵出山海关，指挥各路兵马驰援锦州。

经过一番部署，洪承畴先后召集宁远总兵吴三桂、前屯卫总兵王廷臣、玉田总兵曹变蛟、蓟镇总兵白广恩，以及从关内增调的宣府总兵杨国柱、大同总兵王朴、密云总兵唐通、山海关总兵马科，八路人马合兵十三万、马骡五万匹，会师宁远。

作为八镇总兵之一，年仅 29 岁的吴三桂本是资历最浅的一个，但论战斗力，其麾下的两万宁远辽兵则堪称明军中的精锐。连统帅洪承畴都认定只有吴三桂与白广恩、马科三员勇将可独当一面，

其余五将只有合力，不宜单独采取军事
行动。次年（1641年）四月下旬，洪承
畴挥师进至松山与杏山之间屯驻，摆开
阵势准备决战。其中吴三桂所部被部署
于左翼之首，充分看出洪大帅对得意门
生的信任。而心高气傲的吴三桂也正想
借此一战扬名，摩拳擦掌地等待着进攻
的命令。

洪承畴看出皇太极"围城打援"的

伎俩，吸取以往明军失败的教训，决定集中兵力，以守为攻，步步为营。但是洪承畴这种持久战略与明廷的速胜主义格格不入，兵部尚书陈新甲指责他借故拖延，徒费粮饷，并搬出崇祯皇帝来催促洪承畴"刻期进兵"。前方监军太监和兵部参谋人员也与主帅矛盾连连，不断告打"小报告"中伤洪承畴。无奈之下，洪承畴被迫放弃稳扎稳打的方略，于崇祯十四年七月二十九日，进驻松山，向清军发动进攻。几番交战，明军略占上风。

此时的清大宗皇太极正在沈阳养病，接到前方军报后，他意识到问题严重，不顾鼻血不止的症状，在马上以碗接鼻血，星夜奔赴前线，倾举国之力凑齐十三万步骑准备于明军决战。到达松山附近后，皇太极马不停蹄地登山视察地形，很快发现了明军主力聚于孤城，后翼薄弱，粮道保护不利的弱点。随即派阿济格率军进攻塔山，夺取了明军在笔架山的大批储粮，并在松山和杏山之间挖掘三重壕沟，切断了明军归路。

洪承畴发现粮道被截断的消息后大

惊失色，因为此时驻扎在松山的明军主力只带有三日行粮，失去补给后，明军将陷入绝境。于是洪承畴率领明军各镇主力于八月二十日、二十一日连续突围，但都被壕沟阻隔，无法得手。眼看粮草吃尽，洪承畴被迫于二十一日晚召集八镇总兵商议对策，最终决定由洪承畴留守松山，其余各镇明日分路突围到宁远就餐，然后再运饷回救松山。

可就在当夜，大同总兵王朴为保全性命，不顾军令，提前率所部人马连夜突围逃跑。其他各镇总兵官一看形势不好，也都争先恐后，相继率队仓皇出逃，自相践踏，顿时陷入一片混乱。先逃的王朴和吴三桂先后抵达杏山，再次遭遇清军堵截，他们且战且退，逃回宁远，但所部损失大半。其他将领如唐通、马科、白广恩、李辅明、张若麒等也相继逃出重围。而曹变蛟、王廷臣突围不成，退回松山城，与洪承畴固守。五个月后（崇

祯十五年二月二十八日），松山城破，曹、王二将不屈就义，总督洪承畴被俘。而坚守锦州孤立无援的祖大寿也终于在三月八日被迫开城投降，不过这一次他没有再反复，而是真的剃发归降了。

被俘之初，洪承畴本想以死殉节，一连几天，他滴水不进，骂声不绝，只求一死。皇太极派手下重臣轮番前来劝降，但洪承畴始终不为所动。一天，大学士范文程来到洪承畴囚室，与他"谈古论今"，像往常一样，洪承畴一言不发。就在此时，恰巧房梁上一小撮尘土落到洪承畴的袖子上。不经意间，洪承畴轻轻用手将尘土拂去。范文程顿时心中大喜，赶快回来向皇太极报告说："我可以肯定洪承畴不会死了！他对一件衣服都如此爱惜，更何况对自己的生命呢！"于是，皇太极亲自到洪承畴住处去看望他，并脱下自己身上的貂裘给他穿，还关切地询问："先生难道不感到冷吗？"洪承

　　畴茫然地望着皇太极，看了许久，长叹
一声："真命世之主也！"当即叩头请降。

　　持续近两年的松锦大战，以明军的
惨败而告终。此战过后，明军折损精兵
近十万人，连失松山、锦州、塔山、杏
山四城，骁勇善战的统兵将帅死降大半，
使关宁防线暴露在清军兵锋之下，直接
危及到大明江山的安危。

　　吴三桂在战役的最后阶段没有顾及自己的战友、舅舅和恩师的安危，而是选择了领兵溃逃。他虽然书读得不多，但纲常伦理还应该略知一二，他选择溃逃的时候可能经历过短暂的挣扎，却很快打消了杀身成仁的念头。吴三桂还清楚地记得《汉纪》中的那句："仕宦当作执金吾，娶妻当得阴丽华。"这是光武帝刘秀在当皇帝前的最大志向，也道出了天下大多数男人的心声——做一人之下万人之上的大官，娶全天下最美的女人作妻子！每当读到这里，吴三桂都感到无比兴奋，因为这也是他的人生目标。在没有实现理想前决不能轻易牺牲，这

才是他的做人原则。于是，那个令祖大寿、洪承畴等人寄予厚望的军事天才，在经历人生中又一次巨大考验时，选择了逃避，而在吴三桂看来，或许称其为"自保"更为贴切。

安全抵达宁远城后，吴三桂整日提心吊胆，因为不战而逃的罪责毕竟无法逃避，等待他的很可能是朝廷的的屠刀。他所能做的，就是尽力将各处溃败的兵士重新收拢起来，并积极参与宁远城防，希望朝廷能给他戴罪立功的机会。果然，松山之战中第一个溃逃的大同总兵王朴很快被朝廷逮捕处死，但同样溃逃的吴三桂却仅仅被处以降职三级的微惩。不久朝廷又授予吴三桂提督职衔，授权他统一调遣宁远辽兵以及各地援兵。这种不公平的处理在当时引起了较大争议，但客观地说，这也是朝廷方面的无奈之举。因为经过松锦之败，明军中有能力的统兵将领几乎消耗殆尽，吴三桂虽然

资历尚浅，但在辽西诸将中还算后起之秀，以"敢战"著称。朝中大臣也对三桂赞赏有加，称其为"当今人杰"。加之明朝末年的边关将兵大都利用姻亲、主仆等关系建立自己的私人武装，即所谓的"李家军""祖家军""吴家军"等亲兵，这些军队往往只知有主将，不知有朝廷。当祖大寿等人先后降清后，也唯有吴氏父子才能镇得住这些骄兵悍将，故崇祯

帝只能将守卫帝国大门的责任交到年轻的吴三桂手上。

死里逃生的吴三桂感念朝廷的恩德，果然不负众望。他尽心收拢残卒，训练兵士，很快又组织起一支三万人的精锐骑兵部队，并依靠他们为病入膏肓的大明帝国继续镇守着宁远孤城。

松锦大战后，皇太极很快将兵锋指向宁远。面对这座辽西大地上最为坚固的城堡，后金（清）两代统治者数次兵临城下，却都铩羽而归。但这一次，皇

太极自信可以令"小吴总兵"不战而降。
除了亲自写的劝降书外，他还动员了大量
降清的前明将领对吴三桂施以"舆论攻
势"，包括吴三桂的舅父祖大寿、哥哥吴
三凤、姨夫裴国珍、表兄胡弘先、恩师
洪承畴以及好友张存仁等人，都曾奉命
致书劝降。但吴三桂对此全无反应，反
而几次率兵袭击清军驻地，并成功顶住
了清军对宁远的进攻。

　　此时的吴三桂虽然身处危局，但"投降"似乎离他还很遥远。对吴三桂这样天生的军人来说，他可以被击溃，但决不能投降。更何况 31 岁的吴三桂已经是明朝驻守关外的最高武将了，即便放眼整个帝国，像他一样能征善战的军事天才也屈指可数，他的人生目标并不需要通过改换门庭才能得以实现。与此相反，他正要施展自己的才华来报答朝廷的不杀之恩，并且利用手中的权力实现自己的人生抱负。可惜的是，他忠心效力的大明王朝已经走到了尽头。

三、甲申之变，何去何从

明崇祯十七年（1644年）三月十九日，李自成农民军攻破北京城，明末帝崇祯自缢于煤山，享国277年的明王朝灭亡，史称"甲申之变"。

关于明朝灭亡的原因，历来众说纷纭。但不可否认的是，明末农民起义和关外明清（金）战争是造成这一结果的直接原因。自万历四十四年（1616年）努尔哈赤起兵反明起，辽东地区连年兵

火，明朝方面损兵失地，节节败退。要维持战争就得增兵增饷，但王朝后期政治腐败，宦官干政，大臣结党，贿赂公行，加之军费开支成倍增长，搞得国库空虚，入不敷出。为解决辽东问题，明廷开始不断提高全国的土地税率，也就是"辽饷加派"（后来又有"剿饷""练饷"，合称"明末三饷"），极大地增加了广大人民的负担。而此时又正赶上周期性的全球变冷，即所谓的"小冰川期"，亚洲北部地区连续十几年大旱，随之而来的又是蝗灾和瘟疫，很多地方颗粒无收，人民大批死亡。在这样的天灾面前继续催缴、甚至加增赋税的结果就不光是"民穷财尽"了，失去活路的农民纷纷揭竿而起，形成巨大的"流寇"浪潮。其中以崛起于陕北的李自成和张献忠所部农民军战斗力最为强大，席卷大半个中国，给明王朝统治带来巨大挑战。

面对后金（清）和农民军两条战线的东西夹击，明朝君臣顾此失彼，雪上

加霜。崇祯九年至十年，农民军在明军卢象升、洪承畴等人的合剿下，几临灭顶之灾。可就在这时，辽东的清兵突然南下袭明，卢、洪先后被抽调到抗清前线，一死一降，导致之前对农民军的胜利功亏一篑。

崇祯十四年至五年间明清松锦大战的同时，李自成利用陕西、河南等地百年不遇的旱灾、蝗灾，打出"均田免粮"的口号，迅速发动起几十万人的起义军队伍。崇祯十七年正月初一，李自成在西安正式建立政权，国号大顺，改元永昌。正月初八日，李自成统率百万大军自西安出发，东渡黄河，向北京进军，一

路势如破竹，进展顺利。面对农民军摧

枯拉朽的攻势，崇祯帝心急如焚，召集

大臣商量对策。有人提议"南迁"，但很

快遭到多数臣僚的反对；又有人提出放

弃关外之地，退守山海关，召回吴三桂

等边关骁将来对抗农民军的主张。但明

廷内部意见不一，君臣之间互相推诿，

谁也不愿承担"弃祖宗之地"的责任，

结果"数议而不决"，耽搁了救援北京的

最后时机。等到崇祯帝最终决定封吴三桂为"平西伯",令其放弃宁远,率兵赴京"勤王"的时候,李自成已经兵临城下。而守城的大臣和宦官又纷纷开门迎降,结果就发生了"甲申之变"的惨剧。

北京的失陷使继续"勤王"失去意义,在路上得知消息的吴三桂调转马头,撤回山海关内,以便根据形势的变化来决定下一步该何去何从。

此时的吴三桂处在一个进退两难的

境地：一直以来他都为大明王朝守卫着东北边疆，虽然明朝灭亡前已尽弃辽东国土，但驻守着五万精兵的"天下第一关"（山海关）也并非可以轻易攻破，只要有足够的后勤补给，吴三桂还是有信心凭险固守，拒清于关外的。但此时紫禁城的主人已经换成了"大顺"，他也变成了"亡国之臣"，可供选择的机会实在有限。

从当时情况来看，吴三桂面临三种选择：一是继续作"大明"孤臣，坚持不与"弑君"的农民军为伍。那样就要求吴三桂或者率兵直扑北京与李自成决战，为旧主尽最后一点力，哪怕是以卵击石；或者坚守山海关，经受大顺军和清军的两面夹击，直到城破身死。这都是杀身成仁的选择。松山之战时他没有选择这样的道路，那么这次也绝不愿如此，更何况的父亲和家小还留在北京。

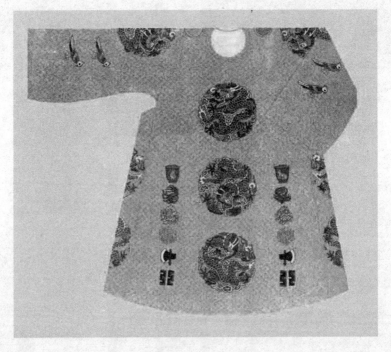

第二种选择就是主动归降于新朝——大顺政权。277年前，"和尚"出身的朱元璋可以带领农民起义军推翻元朝，建立"大明"，那么由"驿卒"出身的李自成建立新朝也属正常，这不过是中国历史上又一次改朝换代，完全可以被新朝解释为"天命所归"。北京城破之日，明朝的大小臣僚除少数自杀殉节外，大都自动归降，成了"顺民""顺臣"。因此，对吴三桂来说，投靠农民军除了要承受一定道德压力外，应当是他当时的最佳选择。

当然，吴三桂还有第三种选择，那就是献出山海关归降清朝。这将为窥视中原几十年的清军打开方便之门，也是清朝几代统治者梦寐以求的结果，相信清朝皇帝（此时皇太极已于一年前病逝沈阳，其子福临即位，是为顺治帝）会拿出一份丰厚的赏赐回馈吴三桂的。但吴三桂仍不想选择这条道路。其实明朝灭亡前，除了孔有德、尚可喜、耿仲明外，很少有将领主动投降清朝。包括吴三桂的哥哥、舅父、姨夫、表哥、老师在内的大批降臣，基本是在兵败被俘的情况下才被迫选择投降的，这跟传统文化中的"忠孝"思想和"华夷"观念密不可分。而心高气傲的吴大将军尤其不想对几十年来的死敌俯首称臣。相较于接受异族统治，还是投靠农民军建立的汉族政权更容易为人所接收。

崇祯十七年（1644年）四月初，犹豫不决的吴三桂收到了"闯王"李自成派人送来的"封侯"的檄书以及四万两犒师银和大量赏赐，同时，还带来了老父吴襄的劝降信。吴襄在信劝儿子道："我为你考虑过了，而今之计不如早降（大顺），不但能封为侯爵，还能保全孝子的美名。如果单凭一时的愤怒孤傲，全无节制，则面临寡不敌众，玉石俱焚的危险。到时候我们父子的性命都难保了！"可见，吴襄希望儿子趁早归顺新朝。

于是，吴三桂决定不再犹豫了。投靠新朝（大顺）可以维持荣华富贵，保证家小安全。更何况，他的军队已经十四个月未领到军饷了，在当时兵荒马乱，四处无依的情况下，治军严格的吴三桂也不能保证手下这些亡命之徒不会哗变。最重要的是，他终于可以找到"父命难违"的借口来搪塞天下人的责难。作不成"忠臣"，至少可以继续当他的"孝子"啊！打定主意的吴三桂将山海关交接给大顺使者——前明降将唐通守卫，自己带领五千亲兵向京师开拔。

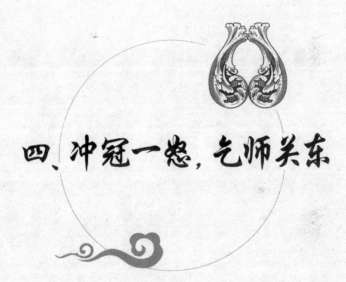

四、冲冠一怒，乞师关东

出关后，吴三桂星夜赶赴北京。但一连几天，他越发感到心神不宁，因为据他秘密派到北京的探子回报：大顺政权正在京城大肆推行"追赃助饷"政策。

所谓的"追赃助饷"是农民军攻占北京后施行的一种筹集军饷的办法。此事说来也是无奈之举。明末农民起义之所以风起云涌，其直接原因就是明后期为应付明清战争和各地起义而不断提高

土地税，实行"三饷加派"政策，导致
连年灾荒中的广大农民完全失去活路，
被迫造反。于是李自成听从部下谋臣的
建议，适时地提出"均田免粮"的口号，
得到各地灾民的积极响应，所到之处，
农民高唱"吃他娘，喝他娘，打开城门
迎闯王，闯王来了不纳粮"的歌谣，纷
纷从军起义。入主北京后，李自成为了
继续赢得民心，就暂时不能改变当初许
下的"三年不征（赋税）"的承诺。但当

时形势并未明朗：关外清军蠢蠢欲动，随时可能进入中原与大顺军争夺天下；南方明朝残余力量也还很强大。北京沦陷不久，明朝遗臣便在南京拥立万历帝的孙子小福王朱由崧即位，建立了弘光小朝廷（史称南明），其麾下明军有数十百万，随时准备北上复仇；就是手握五万精兵，盘踞山海关的吴三桂都对新来乍到的大顺政权构成一定的威胁，因此攻占北京的李自成还有很多任务亟待完成。无论是坚守建国还是对外用兵都需要巨大的财政支持。但经过几十年的战争，国库早就空空如也，这就要求暂时放弃了土地税收入的大顺政权必须找到一种新的军饷来源。于是李自成把矛头对准了北京城内的前朝王公大臣，强令他们按级别摊派军饷，如果不能按时按量完成定额，就要严刑催逼"赃款"，这就是所谓的"追赃助饷"。此项政策一经出台，京城各处遍设"助饷所"，农民军大小将领倾巢出动，纷纷参与"追赃"工作，其中犹以"勇猛""残暴"著称的权将军刘宗敏最为卖力：每日里，因"助饷"不合要求而被刘宗敏拷打致死的大

小官僚不计其数，甚至很多富户、平民也被一并追缴，搞得京城上下乌烟瘴气，哀号连天。

客观地说，明朝末年，政治黑暗，官员贪污腐败，贿赂公行，王公大臣手里确实握有数量巨大的"赃款"。但当时大顺政权立足未稳，正该与"归顺"的旧官僚合作，借助前明完整的政府班子完成建国大业。但李自成完全没有考虑到严峻的现实情况的，反而通过"追赃助饷"这种极端的方式将本已转化为自己统治基础的前朝王公大臣推向绝境，迫使他们再次走向对立面，更导致那些还在观望的各处势力普遍对农民军失去了信心。因此，一般认为，"追赃助饷"政策的施行是导致大顺政权灭亡的重要原因之一。

据密探禀报，在明亡前担任京营提督的吴襄，于城破之时即被农民军逮捕。这次"追赃助饷"开始后，吴襄也被刘宗敏抓去，强令其缴纳白银二十万两充饷，吴襄东拼西凑，只拿出了五千两，结果遭到拷打，生死未卜。吴三桂对此很是愤怒，但仍然相信凭借自己的实力可以赢得李自成的信赖，从而解救父亲走出灾难，因此心怀怨恨地继续向京城进发。

一天，吴三桂大军行至永平西沙河驿，路上遇到一名从北京逃出的家仆。吴三桂赶忙询问京城家中的情况，仆人

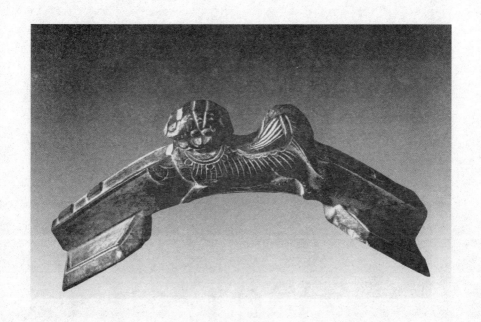

回禀："家产大都被农民军抄没，老总兵也被逮捕了，正受拷打。"已有心理准备的吴三桂强忍怒气，自我安慰道："这都是为了迫使我投降啊！现在我来了，父亲很快会被释放，家产以后可以向闯王讨回的。"这时，他突然想起了京城中的爱妾陈圆圆。

陈圆圆，名陈沅，本是江南常州武进县人。自幼家境贫寒，父母为生活所迫，在陈圆圆很小时就将她卖到苏州作了歌

伎。由于天资聪慧，色艺俱佳，圆圆很快技压群芳，18岁时便成为苏州第一名伎，倾国之色，远近驰名。据说远在关外的吴三桂也慕其美色，曾派人携重金到江南寻求陈圆圆，结果被田贵妃的父亲——国丈田弘遇抢先一步，以二千两白银的高价将陈圆圆购至北京。田弘遇本想将陈圆圆献给崇祯帝以固宠，但当时崇祯忙于国事，无心女色，将陈圆圆退回。田弘遇便将陈圆圆带回府里，作了自己的歌姬。

　　崇祯十五年（1642 年）年底，在屡
次劝降吴三桂不成，正面强攻又难以取
胜的情况下，皇太极派遣贝勒阿巴泰统
领八旗精兵再次绕开关宁防线，取道内
蒙古，从墙子岭长城隘口进入中原。一
路上劫掠北直隶、山东、河南等地，京
师告急，史称"壬午之役"。次年春，吴
三桂受命领兵入关勤王，在怀柔一带与

清兵展开激战，颇有斩获。五月中旬，清军退兵，吴三桂也回京陛见，受到崇祯帝的赞赏，钦赐尚方宝剑，授予重托。一时间，吴三桂成了大明帝国最炙手可热的统兵大将，京城大小官僚纷纷主动巴结吴三桂，以图自保。

一天，国戚田弘遇大摆宴席，招待吴三桂。酒过三巡，田弘遇唤出陈圆圆等歌伎为众人歌舞助兴。吴三桂对圆圆的姿色倾慕已久，这次一见，果然惊为天人！当即表示愿以千金之价请求田弘

遇将圆圆转让与他，并许诺一旦京师有
变，将誓死保护田氏身家安全。田弘遇
本欲结交吴三桂，但为自身利益着想，
他只好忍痛割爱，将陈圆圆赠与吴三桂。

　　33 岁的吴三桂终于得到了"天下第
一美人"，此时他已经是勇冠三军的统兵
大将，王朝得以依靠的最后支柱，儿时
的梦想终于得以实现。满心欢喜的"风流
将军"真想立刻将圆圆迎娶至家中，但
当时边关告警，崇祯帝催促他出关迎敌，

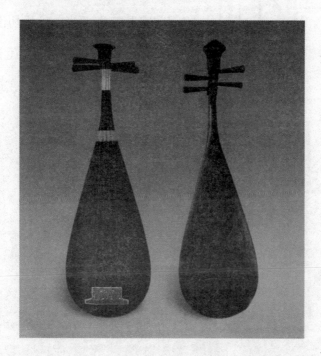

于是吴三桂依依不舍地离开京师，返回宁远。崇祯十七年年初，吴襄应招回京提督京营，顺便替儿子将陈圆圆接到家中。得到消息的吴三桂非常高兴，恨不得立即回京与爱妾相见……于是吴三桂便迫不及待地向来自京城的仆人问起爱妾的近况。

家仆不敢隐瞒，以实相告：陈圆圆已被李自成的大将刘宗敏掠去了。吴三桂不听则已，当即怒发冲冠，抽出宝剑将面前案几一劈两半，咬牙切齿地咆哮道："大丈夫不能保一女子，还有何面目见人！"下令停止前进，挥师东返，一路

"纵掠"，暴风骤雨般击溃山海关的大顺守军，重新夺关入城。

客观地说，吴三桂的"冲冠一怒"并非如后世文人所说的全为红颜，陈圆圆被掠事件只是他的愤怒情绪爆发的一个导火索。因为在甲申之变前，吴三桂与农民军一直处于敌对状态，用传统说法就是"官"与"贼"的关系。之前崇祯君臣一直在商讨内招吴三桂，令其统兵"剿匪"，所以才封吴三桂为伯爵，当然这一切因为北京城破而使吴三桂与农民军的直接对抗没有成立，但这也说明双方的合作基础十分薄弱。因此，吴三桂初期选择归降农民军，无非是为了保护自身和家人的利益作出的无奈之举。而农民军方面在处理这一问题上政策失当，确实应该负主要责任。李自成等人既然看到山海关和吴三桂势力对巩固新政权的巨大作用，就不该一方面派人招降，许诺以"升官发财"的利益诱惑，另一

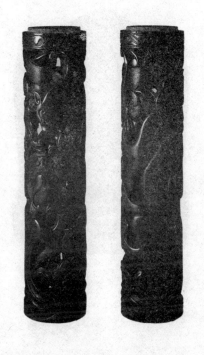

方面又不分青红皂白地搜刮吴三桂的家产、拷打他的父亲、掠夺他的妻妾，使原本就对大顺政权心存疑虑的吴三桂彻底断绝了归降的念头。这一错误政策不但促使吴三桂"反叛"，也直接导致接下来一系列的重大变故的发生，而这对当时各种势力来说都是始料未及却影响深远的。

降而复叛的吴三桂决心与农民军势不两立，他不但杀了李自成再次派来劝降的使臣，将他们的耳朵割下来寄给李自成以示决心，还写了一封字正辞严的"绝情信"寄给父亲吴襄。因为他知道选择与农民军决裂必然导致父亲和在京家小性命难保，于是干脆搬出"忠孝不能两全"的凛凛大义，斥责父亲隐忍偷生的投降，宣布与吴襄断绝父子关系，并声称即使李自成将父亲杀害，他也义无反顾！他命令全城军民皆披麻戴孝，一则祭奠殉国的崇祯帝，二则权当父亲已经遇害。君、父之仇，不共戴天！

李自成终于意识到事态严重，事到如今劝降已失去意义，他决心讨伐吴三桂，武力夺取山海关。闯王力排众议，亲率十万大军，对外宣称"二十万"（也有"六万"一说），挟前明太子、永王、定王和吴襄等人，向山海关扑来。而吴三桂也誓师备战，四处张贴告示，声称为"报君父之仇"，要"兴兵讨贼"。

但吴三桂心里清楚，此时的他已经陷入孤立，腹背受敌，等待大顺军的到来或主动出战都是死路一条。陷入绝境的吴三桂作出了一个历史性的抉择——向清军"借兵"（乞师）。

无论李自成还是吴三桂可能都不知道，此时清朝方面也刚刚经历了一场巨大的政治危机。原来在清崇德八年（1643年，明崇祯十六年）八月初九日，皇太极在沈阳突然暴病而亡，他的弟弟睿亲王多尔衮和大皇子肃亲王豪格为争夺皇位

几乎闹得兵戎相见，最后在庄妃及礼亲王代善调解下，双方达成妥协，共同推举皇太极第三子，6 岁的福临继承皇位，是为顺治皇帝。同时，福临的生母庄妃晋封为孝庄皇太后，多尔衮及郑亲王济尔哈朗担任"摄政王"，主持朝政，暂时化解了这一危机。

而对于这段时间关内发生的一切，清朝方面已经通过探马略有所知。经过反复商讨，特别是范文程、洪承畴等降臣的分析，摄政王多尔衮决定进军中原与大顺争夺天下，而选择的进军路线仍然是取道内蒙古。清顺治元年（1644）四月十五日，就在清军进兵的路上，多尔衮收到了吴三桂派人送来的"乞师信"。

　　在这封信中，吴三桂以"亡国孤臣"
的名义，恳请清朝借兵，帮助他报君父
之仇。他声称两国之间"通好"二百余
年，因此清朝借兵是合乎"大仁""大义"
的正义之举，义不容辞。此外，吴三桂
还给清兵规定了具体的进兵路线，即从
北部长城的喜峰口、龙井口以及墙子
岭、密云等处进入中原。这
条路线就是清兵前几次
"征明"的旧路。最后，
吴三桂郑重声明，
作为对清朝
借兵的

回报，"我朝"将给予大量财物，还将割让领土（裂地）作为酬谢。从此信可知，当时吴三桂仍然不想投降清朝，而是俨然以明朝的代言人的身份许以优厚的条件，换取清朝的帮助。

接到吴三桂的"乞师信"后，多尔衮非常高兴，他很快判断出吴三桂处境危险，急需外援的情况。经一番商讨，多尔衮一方面回信积极响应，表示克期进兵，同时又摇出"封王"的橄榄枝，希望吴三桂归降；另一方面却并未听从吴三桂规定的进军路线，而是指挥大军直接向山海关进发。随着李自成大军的逼

近，吴三桂也开始改变初衷，再次给多尔衮去信，催促清军不必绕道蒙古，可直接到山海关参战，但仍未提出献关投诚的请求。大约在四月二十日，清军终于抵达山海关附近，此时已经可以清楚听到远方的隆隆炮声，这说明李自成大军已提前赶到，正与吴军激烈交战。于是一场由农民军、吴军、清军三方参加的空前规模的血战将在山海关前展开。

# 五、激战石河，剃发降清

　　山海关城，依山临海，与长城连为一体，防御十分严密。只要有足够的军队防守，任何强大的敌人都很难轻易破关。从努尔哈赤到皇太极，几十年来，后金——清军一直慑于山海关无懈可击的防御休系，从不敢冒险强行攻打关城，每次进兵总是取道内蒙古，从北部长城诸隘口破墙而入。但此时不同，吴三桂麾下虽说有五万辽兵，但已缺饷十四个月，仅靠李自成上次送来的四万两犒师银和城内士绅筹集的少量饷银辛苦维持。而对手则是刚刚攻占北京，一路势如破竹，声势浩大的农民军。因此，吴三桂不敢怠慢，一方面联络清军，一方面加紧布置城防，并派遣部将向农民军"诈降"，谎称还有议和的可能。李自成也果真上当，放慢了进军速度，派手下去上海关与吴三桂谈判。结果京城到山海关原本三四日的行军路程，居然走了九天，

直到四月十九日李自成大军才抵达关前。发现上当的李自成作出了最后一次劝降努力，遭到吴三桂的断然拒绝。次日清晨，李自成挥师向吴军攻来。战斗首先在山海关前的石河以西（今山海关区燕塞湖一带）展开。对于农民军来说，此战是夺取北关锁钥，阻挡清兵进路，巩固在北京建立的统治的关键一战；而对吴三桂来说，则是决定生死存亡、性命攸关的背水一战。因此，双方皆拼死力战。

战斗持续了一天一夜，吴军数次将农民军的进攻打退，双方皆伤亡惨重，但吴军终归寡不敌众，逐渐有些招架不住。就在这时，疲惫不堪的吴三桂终于等到了清军接近的消息。当夜，吴三桂多次派使者到清营，敦请多尔衮尽速入关。

但多尔衮却并不急于参战，而是仅推进至山海关东侧四五里处的欢喜岭便就地扎营。之所以如此，一是因为双方

长期处在敌对状态，难免有所怀疑，故多尔衮暂缓前进，以探虚实。此外，多尔衮也在等待最佳时机，只有让吴三桂陷入绝境的时候，才能逼其就范，反客为主。

二十二日，吴三桂见清军拖延不动，心急如焚，急忙又派使者前去催请。这次多尔衮作出回应，他派出大学士范文程随同使者返回山海关，面见吴三桂。范文程是清朝的高级决策人物，他的到来，对吴三桂是个很大的鼓舞。经过一番密谈，吴三桂决定亲自到清营与多尔衮面谈，当即率领数百亲兵，突围至欢喜岭清军驻地。

得知吴三桂的到来的消息，多尔衮非常兴奋，当即大呼："天下在掌中矣！"亲自率众出迎。

据史书记载，此次面谈，吴三桂慷慨而言，"情词恳切""声泪俱下"。他向多尔衮提出：清军入关与吴军合力击败农民军，但不得伤害关内百姓，不得侵犯明朝的陵寝。战争胜利后，拥立故明太子或永王、定王在南京即位复国。作为回报，明朝将北部山河划给清朝，双方以黄河为界，世代结成友好邻邦。

多尔衮在出兵前，曾与范文程、洪承畴等人详细讨论，初步确定此战的目标是夺取河北等北方数省，如果进展不顺就再次劫掠中原后退回关内。哪知刚刚进军就遇到吴三桂请兵之事，如今他又亲自前来，提出愿与清兵合击李自成，

消灭清朝夺取天下的劲敌，还提出"裂土"酬谢，把黄河以北土地让给清朝，这是完全符合他的既定目标的。因此多尔衮当即表示要与吴三桂歃血为盟，并保证克期出兵，秋毫无犯。但同时，多尔衮又玩弄了一个花招。他提出：由于农民军与吴兵装束甲仗相似，无法辨认，恐致误伤，要求吴三桂与其将士"剃发"以相区别。

此话表面是拿"避免误伤"作文章，实际上是逼迫吴三桂投降。因为传统儒家思想中有"身体发肤取之父母，不可

轻动"的要求，因此汉族政权统治下的臣民从小就不会擅自剪发，一般用头巾或冠带将头发束起，保持始终。在中国古代，还有一项强行给犯人剃光头发的刑罚，叫"髡"，表示对犯人的巨大侮辱。而契丹、女真、蒙古等民族则大都不会秉承这一传统。以女真人为例，男子在很小的时候就会剃光前额及两侧头发，仅留后脑余发，梳起辫子，后人称之为"金钱鼠尾式"。在几十年的明清（金）战中，清人逐渐以剃发与否作为顺逆的标志，从第一个投降后金的前明游击将官李永

芳，到渡海来降的孔有德、耿仲明、尚可喜，以及松锦战败的洪承畴、祖大寿等大小汉族将领，在正式投降时都要先行剃发。及至清军入关后，"剃发令"推行全国，竟提出"留发不留头，留头不留发"的残酷谕令，可以证明，"剃发"实际上就是投降清朝的代名词。

吴三桂当然了解其中含义，这对他来说是一个极大的考验。青年拜将的吴三桂从小就把后金——清军作为不共戴天的敌人，自从松锦大战后，吴三桂一次又一次地拒绝了清朝的招降，哪怕他明知乞求清朝是目前唯一的出路，但他还强撑面子，以"平等"的态度对多尔衮强调："如果清朝不同意按要求出兵，就请在关前决一死战！"可实际上，他已经陷入绝境，根本没有讨价还价的资本。自甲申之变后，吴三桂失去了旧主，失去了爱妾，而选择与农民军决裂，又使他放弃了父母、家小的性命，连"孝子"都作不成了，现在这个世上他唯一珍惜的就是自己的生命。面对关前李自成大军的压迫和多尔衮的威逼利诱，他已经别无选择。于是，吴三桂作出了那个影响历史进程的重要决定。他对多尔衮说："好吧。我并非懦怯，实在是兵力不足。假如再给我万名骑兵，还会惧怕'闯贼'吗？现在既然向您乞师，与您盟誓，那么剃发也无所谓了！"说完，便与手下自行剃发，表示归顺。

多尔衮见状大喜，当即设下仪仗，

杀白马、乌牛祭拜天地，与吴三桂歃血订盟，斩衣折箭为誓，表示双方恪守诺言，绝不反悔。多尔衮考虑到时间紧迫，关城中的吴兵来不及剃发，便与吴三桂相约，令吴军兵士用白布系在肩上，作为记号，以免误杀。从此处也可以看出，他之前要求吴三桂剃发只是借口，实际上是胁迫其投降。

随后，吴三桂率随从将士返回关城，下令打开城门迎接清军入关。很快，在摄政王多尔衮及英亲王阿济格、豫王多铎带领下，五万八旗劲旅先后进入山海关城，其余各部仍驻欢喜岭待命。

按约定，吴三桂先率五万辽兵出战。此时李自成大军已在石河西岸的红瓦店一带摆开阵势。吴军首先呐喊着飞驰过河杀向农民军，李自成也挥师迎敌。此时天空忽然刮起了大风，飞沙走石，昏天黑地，双方在狂风怒号的伴随下，杀到一处。

　　吴三桂见到仇人，分外眼红，手提大刀，身先士卒，率军奋力冲杀，所向披靡。农民军也毫不示弱，依仗优势兵力对吴军迎头痛击。一时间"炮声如雷，矢集如雨"，连营并进，前仆后继，逐渐将吴军包围。

　　正当吴军与农民军战得难解难分之时，多尔衮率领的五万八旗劲旅突然从侧翼杀来。

　　其实，进入关城后，多尔衮一直在城头观望，他并不想立即参战，而是要借机观察农民军的虚实，更主要的是，他要利用吴军打头阵消耗农民军的实力，使清军以逸待劳。

不觉间，战斗已持续到中午，吴军激战半日，筋疲力尽，眼看支持不住了。多尔衮抓住战机，突然下令出击，蓄锐待战的清军数万铁骑迅速从吴军侧翼闪出，如"万马奔腾不可止"，疾风骤雨般向农民军杀来。

当时农民军也已鏖战半日，与吴军杀得两败俱伤。而清军铁骑则锐气正旺，勇猛冲锋，所向披靡。吴军本已陷入困境，突然得到清军增援，顿时振作起来，与清军展开联合作战，战场形势迅即改变。

农民军终于透过风沙弥漫的战场看清了敌人的真面目，顿时惊呼："鞑子兵（清兵）来了！"阵势瞬间崩溃，一路丢弓卸甲，自相践踏，死伤累累，陷入一片混乱，连大将刘宗敏都中箭负伤。李自成见大势已去，带领农民军残部向北京方向溃逃。吴、清联军穷追猛打，一直追出四十里才收兵。

石河之战，打得尸横遍野，十分惨烈，仅农民军方面就死数万人，吴军也死伤大半。但这场血战的结果却改变了清朝以及李自成、吴三桂的各自命运，而中国的历史进程亦随之而改变。

# 六、引狼入室，千古骂名

山海关战役后，多尔衮以顺治帝的名义，封吴三桂为"平西王"。吴三桂随即命令手下将领及山海关城内军民皆剃发归顺。吴三桂接受清朝平西王的封号，标志着他彻底降清。从请兵、献关、与清军联合作战，到受封为王，是一个短促而复杂的过程。对吴三桂来说，他是在形势的迫使下，才走上了降清这条路；而多尔衮则巧妙利用了当时的形势和吴

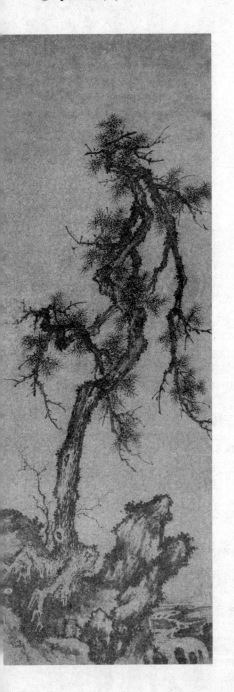

三桂的困难处境，有步骤、有策略地诱迫吴三桂就范，把他招降过来。

吴三桂降清，不但打开关门，引狼入室，利用异族的力量终止了农民军建立新朝的可能；也为那些举棋不定的前明遗臣树立了榜样，导致更多统兵将帅迅速归降清朝。此外，他还亲自充当清军的马前卒，为清朝统一天下立下了汗马功劳。

清顺治元年（1644）四月二十三日，也就是山海关大战的第二天，多尔衮决定乘胜追击，直取北京。他调拨给吴三桂一万骑兵，令其追击农民军。

兵败石河后，李自成率残部自山海关溃败，连夜逃至永平，驻营歇息。为了缓解清、吴军的追击，赢得撤退的时间，李自成派遣前明降官张若麒赴吴三桂军中议和，表示只要允许他安全回到北京，一定把前明太子交给吴三桂。他以为吴三桂会允许他从容撤退，但降清后的吴三桂已经身不由己。当天，吴三桂便率部进逼永平，向农民军发动进攻，并再次将士气低落的农民军击溃。李自成率领残部继续向北京溃逃，行至永平城西二十里的范家庄时，怒不可遏的李自成下令将吴襄斩首，并用竹竿挑起示众。

四月二十六日，李自成率军撤回北京。经过连番大败，农民军对清军和吴军产生了畏惧心理，对固守北京更完全失去了信心。而且大顺军将士多是关中人，自从攻破北京后，包括闯王李自成在内的很多将领很快被"突如其来"的胜利冲昏了头脑，迅速腐化堕落。像刘宗敏那样不顾大局地抢掠陈圆圆的做法，在当时已非常普遍，而发了大财的农民军早就想"衣锦还乡"，回老家享福了。因此返回北京的农民军并未积极备战，而是忙于收拾在北京通过追赃助饷等各种手段搜刮的大批金银财宝，用骡马一车一车地向关中运送。鉴于此，在

李自成与部下谋臣牛金星等人商讨后，决定放弃北京，退回关中，再图大业。

二十九日，农民军在北京的最后一天，同时也是他们入城的第四十天，李自成在武英殿匆匆举行即位大典，随即下令全军整装西撤。临走前，大概是效仿火烧阿房宫的"西楚霸王"项羽，李自成命令放火焚烧故明皇宫。三十日清晨，伴随着依旧燃烧的熊熊大火，李自成挟前明太子，永、定二王从齐化门出京，向西安方向逃去。而早在二十七日，对吴三桂恨之入骨的李自成下令将吴氏在京家小共三十四口全部处死，并弃尸在王府二条胡同。

这时，吴三桂及其所部作为先头部队首先抵达北京城下，多尔衮却不准他入城，命令吴三桂随英亲王阿济格继续追击西逃的农民军。

五月二日，多尔衮率八旗劲旅在关宁辽兵的簇拥下来到北京近郊。此时京城的官民百姓只知道吴三桂得胜，即将奉前明太子进京即位，并不知道他引清兵入关的真相。初三日，一些前明故官身着素服，聚集在东郊朝阳门前，吹吹打打，迎候"太子"入城。眼见一支队伍浩浩荡荡，由远及近，官员们山呼万岁，"望尘俯拜"。抬起头来才惊奇地发现：迎来的并不是大明太子，而是"胡服长辫"、骑着高头大马的满洲人——多尔衮。不等众官弄个明白，即有清兵大喝道："我大清摄政王率满洲兵入城来了！"有几个脑子转得快的明官，当即联名上《劝进表》，不想反被清内阁大学士范文程一句话呛回："这并非皇帝，我国皇帝（顺治）去年就已经在沈阳登基了，还用你们劝进不成？"

八月二十日，顺治帝自沈阳出发，正

式迁都北京，九月十九日进城，登上金銮殿，成为清朝君临天下的第一个皇帝。甲申年这场改朝换代的"闹剧"终于告一段落。至于明太子和永定二王，有人说他们被李自成半路处死，也有人说他们被吴三桂夺回，但很快被清军以"假太子"名义处死。再后来，南明也闹出了"假太子案"；康熙年间还闹过"朱三太子案"。总之，在那个成王败寇的年代，真的假的也都不再重要了。

至于降清后的吴三桂，很快便得知了父亲及在京家小遇害的消息。当然，他对此早有心理准备，他将丧失亲人的悲痛和报效"新主"的复杂心情混杂在一起，化作对农民军的无比仇恨，为此他不惜将魔爪伸向旧主。

顺治元年（1644年）五月，吴三桂一路穷追猛打，将李自成一直追至固关而返。这次追击，在定州（今河北定县

重创农民军，夺得了大量金银财物和无
数妇女，其中就有吴三桂魂牵梦绕的爱
妾陈圆圆（还有一说是山海关战役时）。
此后，吴三桂一直将她带在身边。数年
后吴三桂被分封到云南，朝廷晋封他为
亲王，据说他本想将陈圆圆扶正，立为"王
妃"，但圆圆力辞其请，仍甘居侧室。因
此吴三桂虽有正妻张氏，后又相继续娶
了"四面观音""八面观音"等国色天香
的美姬，但心中最为眷恋的仍是爱妾陈
圆圆。后来吴三桂叛清自立，陈圆圆屡

劝不止,最终在昆明出家为尼(一说自尽),结束了悲情的一生。

顺治元年十月,吴三桂正式受顺治帝册封为平西王,随后马不停蹄地向退回陕西的李自成追去。在此之前,他突然收到南明弘光帝的敕书。原来南明小朝廷得知吴三桂"借兵"击败李自成夺回京师的消息后非常高兴,于是敕封吴三桂为"蓟国公",加封其父为"辽国公",其母为"辽国夫人",并派遣使臣将敕书和白银五万两、漕米十万石送交吴三桂。结果吴三桂闭门不见,拒绝接收银米,并将敕书原封不动地上交多尔衮,以示绝无二志。据说，吴三桂曾托人对来使表示："时势至此，夫复何言？"并表示对故主"终身不忍一矢相加遗"。但几年后，吴三桂不得不再一次背弃了自己的誓言。至此，南明君臣才知道吴三桂引清兵入关的真相，而当初天真地想跟清朝"议和"，用"岁币"交换北方国土的幻想也瞬间破灭。几个月后，豫亲王多铎率清兵南下，不费吹灰之力便将腐败透顶的弘光朝攻灭。

顺治二年（1645年）三月，吴三桂随英亲王阿济格西征，很快攻克西安，并尾随农民军进入河南；四月，追入湖南，经武昌至九江，一路连败农民军，将李自成主力击溃。此战过后，李自成率残部逃至湖北通山九宫山附近，被当地村民击杀（遇害地点说法不一，也有出家为僧的说法）。

顺治五年四月，吴三桂受命镇守汉中；顺治八年，清廷颁册文，赐金印，

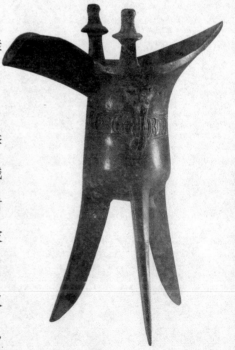

重新封吴三桂为"平西王"，命其统帅大军入川征剿农民军与南明武装力量。次年十月，四川平定，吴三桂仍归汉中；十四年（1657年）十二月，命吴三桂为"平西大将军"，率兵进征贵州；次年十一月自遵义出师取云南；十六年，入昆明，击败已经投靠南明的张献忠旧部李定国，将南明最后一位君主——永历帝撵至缅甸；十七年四月，首次统兵入缅，次年九月再入，终于在当年十二月迫使缅甸交出避难的永历帝及其母后、皇后和随从人员。

这次与"旧主"的见面也颇具戏剧性。

已成为阶下囚的永历帝面南而坐，从早到晚一言不发。这时，吴三桂带领几名随从前来探视。不知为何，从见到永历的第一眼开始，一种莫名的恐惧便向吴三桂袭来，几乎压得他透不过气来。

"来者何人？"永历帝轻声问道。吴三桂张张口，想说点什么，脑子里却一片空白，几滴豆大的汗珠流了下来。

"来者何人？"永历帝再次问道。

就在这时，那个久经沙场、百战百胜的吴大将军突然感觉天旋地转，双膝一软，扑通一声跪倒在地。

"你就是平西王吴三桂吧？"永历帝又问道。

"是！是……"吴三桂机械地回答着。恍惚间，他看到眼前端坐的分明就是对他恩重如山的"崇祯帝"！

接下来说了什么，吴三桂便全然不知了。也不知过了多久，他终于听清了永历帝长叹一声："说什么都无益了！只是朕本是北人，想见到十二陵再死，这你总能做到吧？"

"能……"吴三桂勉强应了一声。永历帝向他挥挥手，让他退去，他却怎么也站不起来，只好由卫士上来把他搀扶出去。这时，所有人看到的是一个面如死灰、汗流浃背的吴三桂。那次以后，他再也没敢去见永历帝。

也许是为了避嫌，更是为了向清廷

显示自己的忠心，吴三桂并未按常规将永历帝押送京师，等待清廷的处理，而是作出了一件令天下人发指的事情：在康熙元年（1662年）四月，也就是捕获永历帝的第五个月，他派人将永历父子缢杀于昆明郊外蓖子坡，用故主的血换来了"亲王"的头衔和封藩云南、兼管贵州的权力。

在拥有了吴三桂这样能征善战的先锋作马前卒后，清王朝迅速席卷全国，从东到西，由北至南，无论是农民军、南明势力，还是反清意识强烈的江南士绅、百姓，在八旗劲旅和汉族降军的联合绞杀下，立即灰飞烟灭。仅用十几年时间，除台湾、澎湖等东南沿海岛屿还在郑氏集团控制下负隅顽抗外，清朝已经基本统一了全国。

对这些劳苦功高的降臣，清统治者也确实不惜大加封赏。其中功劳最大的吴三桂、尚可喜、耿仲明、孔有德等人

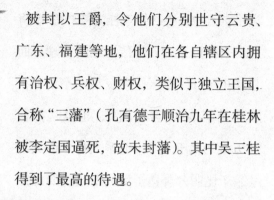

被封以王爵，令他们分别世守云贵、广东、福建等地，他们在各自辖区内拥有治权、兵权、财权，类似于独立王国，合称"三藩"（孔有德于顺治九年在桂林被李定国逼死，故未封藩）。其中吴三桂得到了最高的待遇。

吴三桂是清朝册封的第一个异姓汉族亲王，整个清代也仅有他和平南王尚可喜曾享有如此重誉。而多尔衮为笼络吴三桂，还将皇太极第十四女，顺治帝最小的妹妹——和硕建宁长公主许配于吴三桂长子吴应熊，同时封吴应熊为"和硕额驸"，晋少傅兼太子太傅，养于京师。这样一来，吴三桂与清皇室便在名义上结为姻亲关系。此外，吴三桂在云贵地区可以"便宜行事"，云、贵督抚全受他节制，大小官员的升补由吴三桂自行决定，在当时号称"西选"，"西选"之官几遍各地。军事上，吴藩所属兵力计五十三佐领，绿营兵一万二千，丁口数万。清廷又擢升其部将王辅臣为陕西提督，李本深为贵州提督，吴之茂为四川总兵，马宝、王屏藩、王绪等十人为云南总兵，真是门生故吏遍天下。经济上，吴三桂更是坐拥云贵巨大的财富：他将前明桂王的五华山旧宫改造为藩府，并进一步扩充，尽据明黔国公沐氏旧庄七百顷为藩庄，并大势圈占民田。他不但向朝廷索要大量钱粮，还在境内广征关市，垄断盐铁之利，通使达赖喇嘛，互市茶马，甚

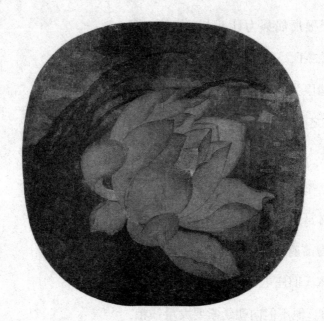

至利用云南丰富的铜矿大肆铸钱，时称"西钱"。而其子吴应熊则利用其父搜刮的巨额财富在京中上下打点，便贿权贵，因此吴三桂虽远在云南，但对朝政动向，无不知晓。这时的吴三桂确实心满意足了，他的唯一梦想就是像明朝沐氏家族那样世守云南，使吴氏子孙后代可以在这个独立王国里永享富贵。

但是，三藩的存在对清廷的中央集权构成巨大威胁，当全国基本统一，政局相对缓和之时，三藩的存在似乎就是多余了。史称，康熙帝即位后，曾将"三藩"与"河务""漕运"书于条幅，悬挂在宫中大柱之上，说明他早将"撤藩"作为首要任务。康熙十二年，年轻的皇帝力排众议，宣布撤藩。而不甘心失去既得利益的吴三桂与靖南王耿精忠（耿仲明之孙）、平南王尚之信（尚可喜之子）先后起兵反清，终于激成了"三藩之乱"。

再次走上"反叛"道路的吴三桂先在康熙十二年（1673 年）自封"天下都

招讨兵马大元帅"起兵反清，后于康熙十七年（1678年）在衡州称帝，立国号周，建元昭武。数年间攻占云、贵、湖南、四川等地，福建、广东、广西、陕西、湖北、河南各地亦纷纷响应，名噪一时。但这一切好似镜花水月，称帝几月后，吴三桂便病重身死，结束了跌宕起伏的一生。周军余部在清军反击下很快土崩瓦解。康熙二十年（1681年）冬，清军攻入昆明，吴氏子孙被满门抄斩，历时八年的三藩之乱被平定。三藩的平定及随后台湾的归附，使清初几十年的动荡趋于平静，也使清朝真正实现了统

一全国的大业。年轻的康熙帝通过消灭"三藩"为百年"盛世"拉开了帷幕；而晚年复叛的吴三桂也彻底为自己背上了千古骂名。

# 七、圆圆曲下，功过谁知

通观吴三桂的一生，特别是他降清前后的种种境遇和表现，我们可以看出：他的命运就如同他守卫的关宁防线一样，总是处在那么关键的位置上，一举一动都制约着自己，以及两边不同势力的生存发展。也正因如此，他总是左右为难，在夹缝中求生存，不断面临着一个又一个决定自己命运的生死选择。

客观地说，吴三桂是动乱年代中的

一个悲剧性人物，他的命运本该得到一丝同情。但自从他决定降清那一刻起，他确实被钉在历史的耻辱柱上，尽管作出这一决定是如此艰难。

如果生在承平时期，吴三桂本该是边关军中的一个平常军士，但明末辽东战火把他迅速推向历史前台，使他的军事天赋得以施展，迅速从一介武夫中脱颖而出，成为青年拜将的天之骄子，万人景仰的道德楷模。王朝更替的动荡又将他推到万众瞩目的位置，成为明政府、清王朝和农民军都千方百计想要为己所用的关键人物。但这些突如其来的机遇也给他带来了无尽的烦恼。

从吴三桂每战必身先士卒，向以"敢
战"著称来看，他并非贪生怕死之徒。
他的人生设定应该是在付出一定代价的
前提下实现理想。但错综复杂的战况和
尔虞我诈的权力角逐，使他必须一次又
一次面临生死存亡的抉择，通过这些主
动的或被动的选择，他得到了他所期待
的一切：权力、财富、荣耀和女人。同
时也失去了一个正常人应该享有的最基
本的精神依托：亲情、友情、道德和名声。

如果这些所得与所失仅仅对吴三桂
本人带来了莫大的伤害或机遇，他的名
声可能还不至于沦落到今天的地步。问
题的关键是，在那个千变万化的历史时
刻，他的选择决定了谁才是群雄逐鹿的
最后赢家，而谁又将沦为改朝换代的垫
脚石。于是，一切烦恼都来自于选择的
过程和结果。

当他选择独领二十名家丁冲进重重
包围的敌阵，舍身救父的时候，他为自

己迎来了"孝子"的美名；当他选择独守边关，一次又一次拒绝清廷待遇丰厚的劝降条件时，他为自己换来了"忠臣"的声誉，也客观上延续了病入膏肓的明王朝的统治寿命。这时的吴三桂，是国家的柱石，道德的楷模。

明朝灭亡后，他权衡利弊，决定投靠农民军，为自己选择了重新开始的机遇，也为一个崭新王朝的建国大业提供了重要保障。但当他得知即将投靠的新主正在收缴他的家产、虐待他的父亲、霸占他的爱妾时，他选择用公开决裂的态度释放自己的愤怒。这样的选择使他的父亲和在京家小死于非命，更使中国历史上又一个由农民起义建立的朝代被扼杀在摇篮中。

当面临强敌压境，生死攸关的时刻，他选择投靠曾经的敌人——清朝，经过痛苦的挣扎，放弃一直坚守的信念，作了从古自今最令人不耻的角色——叛徒。他打开关门引狼入室，使这个异族建立的政权用最低的代价入主中原，并迅速统一全国，建立起强大的王朝。

如果他的选择就此打住，他大可以凭借对清朝无与伦比的贡献，保住他的既得利益，甚至一定程度上挽回失去的"名声"。就像他的老师洪承畴那样，生前死后受到朝廷的景仰和祭拜，直到那位自负的乾隆皇帝统治时期，才会"卸磨杀驴"般将其归入"贰臣"行列，成为和平年代强化忠君爱国观念下，冷嘲热讽的对象。

但可悲的是，吴三桂的选择并未结束：他选择弑杀旧主来邀功领赏；他选

择晚年再叛，自立称帝。这些选择换来的是彻底的身败名裂，灭族惨剧，更是自身道德底线的彻底沦陷和千古骂名的无法挽回。这也使明朝的遗老遗少，清代的官、民史家，民国的革命志士以及后世千秋万代还相信道德伦理对人类文明有积极作用的人完全失去了给他翻案的动机和可能。

明末清初文人吴伟业曾根据吴三桂的事迹，仿效唐朝大诗人白居易《长恨歌》的形式填写了一首《圆圆曲》。很多史家认为这是吴伟业的"春秋笔法"，暗讽吴三桂降清变节，是一个为了女人而出卖民族、国家的可耻败类。但也有人提出，这首诗的字里行间，只是吴三桂与陈圆圆在动乱年代中悲剧命运的真实写照，而且同样仕清的吴伟业似乎也没有资格讽刺三桂的变节行为。是非功过，还是请读者自己慢慢品评吧。

## 圆圆曲

鼎湖当日弃人间，破敌收京下玉关，

恸哭六军俱缟素，冲冠一怒为红颜。

红颜流落非吾恋，逆贼天亡自荒宴。

电扫黄巾定黑山，哭罢君亲再相见。

相见初经田窦家，侯门歌舞出如花。

许将戚里箜篌伎，等取将军油壁车。

家本姑苏浣花里，圆圆小字娇罗绮。

梦向夫差苑里游，宫娥拥入君王起。

前身合是采莲人，门前一片横塘水。

横塘双桨去如飞，何处豪家强载归。

此际岂知非薄命，此时唯有泪沾衣。

薰天意气连宫掖，明眸皓齿无人惜。

夺归永巷闭良家，教就新声倾坐客。

坐客飞觞红日暮，一曲哀弦向谁诉？

白晰通侯最少年，拣取花枝屡回顾。

早携娇鸟出樊笼，待得银河几时渡？

恨杀军书抵死催，苦留后约将人误。

相约恩深相见难，一朝蚁贼满长安。

可怜思妇楼头柳，认作天边粉絮看。

遍索绿珠围内第，强呼绛树出雕阑。

若非壮士全师胜，争得蛾眉匹马还？

蛾眉马上传呼进，云鬟不整惊魂定。

蜡炬迎来在战场，啼妆满面残红印。

专征萧鼓向秦川，金牛道上车千乘。

斜谷云深起画楼，散关月落开妆镜。

传来消息满江乡，乌柏红经十度霜。

教曲伎师怜尚在，浣纱女伴忆同行。

旧巢共是衔泥燕，飞上枝头变凤凰。

长向尊前悲老大，有人夫婿擅侯王。

当时只受声名累，贵戚名豪竞延致。

一斛明珠万斛愁，关山漂泊腰肢细。

错怨狂风飏落花，无边春色来天地。

尝闻倾国与倾城，翻使周郎受重名。

妻子岂应关大计，英雄无奈是多情。

全家白骨成灰土，一代红妆照汗青。

君不见馆娃初起鸳鸯宿，越女如花看不足。

香径尘生鸟自啼，屧廊人去苔空绿。

换羽移宫万里愁，珠歌翠舞古梁州。

为君别唱吴宫曲，汉水东南日夜流！